Viva o instante
e você se vê e se reconhece

Viva

o Instante

e você se vê
e se reconhece

Casa Editorial
Gabriele

O Espírito Livre Universal
é o ensinamento do amor a Deus e ao próximo
para com as pessoas, a natureza e os animais

Viva o instante
e você se vê e se reconhece

1ª Edição, outubro 2021
© Gabriele Verlag Das Wort GmbH
Max-Braun-Str. 2
97828 Marktheidenfeld, Germany

www.gabriele-verlag.com
www.gabriele-publishing-house.com

Título original alemão:
"Lebe den Augenblick –
und Du siehst und erkennst Dich"

A edição alemã é a obra de referência para todas
as questões sobre o significado do conteúdo

Tradução autorizada por:
Gabriele Verlag Das Wort GmbH

Todos os direitos reservados

Pedido No. S 315tbpt PoD

ISBN: 978-3-96446-223-7

Índice

Prefácio

Deus é a vida, o oceano eterno, o SER.

Ele é a vida de cada alma. Se a alma imergiu novamente no oceano Deus, então ela se tornou na poderosa gota do SER eterno, do oceano Deus que tudo abrange e, portanto, contém todas as leis de Deus em si — e através dela também irradiam e atuam todas as leis de Deus. Nada fica escondido da gota em Deus. Ela leva a Toda-sabedoria e o Todo-amor em si mesma, que irradia e transmite incansavelmente! E quando ela dá, ela recebe da onipotência e da Toda-força de Deus. É por isso que a gota é poderosa.

A alma madura da nossa irmã é uma gota no oceano Deus. A sua alma conhece as leis de Deus e, portanto, todas as coisas da vida — pois tudo é lei. A gota no oceano Deus é a consciência divina aberta, é a alma madura e iluminada em Deus. A Toda-força Deus tocou a gota em Deus, a alma da nossa irmã - e ela começou a escrever o que fluía da gota em Deus, da sua alma: fluiu dela a verdade sobre os procedimentos na lei do Eterno e na lei de semente e colheita.

Deus, o Eterno, enviou à Terra o ser espiritual, a alma da nossa irmã, para as vestes terrenas, a fim de expressar em palavras humanas o que os olhos humanos não podem ver e os ouvidos humanos não podem ouvir — e que mesmo assim é eficaz. Portanto, a nossa irmã hauriu da sua consciência desenvolvida e colocou em palavras o que ainda está acontecendo dentro, sobre e ao redor de muitas pessoas, para que o leitor possa reconhecer e mudar a sua vida e o seu modo de pensar — se assim desejar. As palavras desta escritura são a verdade porque fluíram da verdade — da consciência espiritual desenvolvida da nossa irmã. Que muitas pessoas percebam a partir disso que devem mudar a si mesmas para escapar de perigos e golpes do destino.

Os perigos que rodeiam muitas pessoas raramente são sentidos antes que as causas surtam efeito. Para que as pessoas reconheçam a tempo aquilo que se acumula em si, dentro e ao redor de si em termos de negatividades, esperando para irromper, é que esta escritura "Viva o instante — e você se vê e se reconhece" foi dada a elas.

Quem se esforça em viver o instante de acordo com a lei, reconhecerá muitos perigos a tempo e com a ajuda de Cristo irá neutralizar as causas, para que elas ou se dissolvam a tempo e ele não tenha mais que suportá-las — ou apenas tenha que expiar uma parte das causas que ele criou.

Cristo, o Redentor de todas as almas e seres humanos ajuda cada alma e cada ser humano.

Peça — e lhe será dado!
Procura e encontrará!
Bata à porta — e ela se lhe abrirá!

O mundo divino, os irmãos e irmãs celestiais saúdam a seus irmãos e irmãs em vestes terrestres através de mim, Irmão Emanuel, assim como sou chamado aqui na Terra.

Eu sou um servo de Deus, o Querubim da Sabedoria divina, o responsável na obra do Senhor. Eu sou um ser do céu e não estou em vestes terrestres.

Eu protejo a nossa irmã, a profetisa e emissária de Deus, que hauriu da sua consciência espiritual o que é apresentado nesta escritura e a revestiu com a linguagem deste mundo.

Paz!
Irmão Emanuel

O que é o instante?

O instante é um componente do dia.

Cada instante permite que muitos sentimentos e pensamentos surjam em nós. Olhando mais de perto, são como imagens: memórias de eventos e vivencias ou mesmo imagens do nosso mundo de imaginação.

O que cada instante irradia para cada pessoa é o que ela deve reconhecer e purificar naquele dia. O estado de consciência de cada pessoa é diferente. Consequentemente, o momento chega até ela — com os sentimentos e pensamentos que ela pode reconhecer e compreender de acordo com a sua consciência. Portanto, o que o momento lhe traz não é uma "imagem alheia" para ela, porque são as suas próprias produções anteriores.

Portanto, o que os instantes, os componentes do dia, trazem para cada pessoa, são as reproduções das suas próprias produções.

Também podemos chamar as imagens, que são os componentes do dia que nos irradiam, de imagens de irradiação. Cada instante contém tantas imagens de irradiação quanto existem pessoas. Portanto, pode-se dizer: Cada instante é individual e corresponde à pessoa individualmente. Pois cada instante quer comunicar à alma e à pessoa o que a própria pessoa introduziu no poderoso computador causal — isto é, o que introduziu no percurso dos corpos celestes, porque o ser humano é controlado pelos corpos celestes por tanto tempo, até que ele tenha superado a lei de causa e efeito.

Cada detalhe do ego humano é armazenado neste computador causal — todos os pecados, erros e ofensas. O computador causal consiste dos corpos celestes dos âmbitos de purificação e dos corpos celestes da matéria. Nestes corpos celestes está gravado a lei de semente e colheita; eles formam a roda da reencarnação.

O computador causal está no Todo-computador porque o divino permeia tudo. O Todo-computador abarca toda a rede de informação do Todo. Ele é a lei de Deus, o poder onipresente.

Eu irei entrar em mais detalhes tanto sobre o computador causal quanto o Todo-computador e os corpos celestes puros de matéria sutil através dos quais flui a eterna Lei Absoluta.

Os instantes, os segundos, os minutos, as horas, de fato, o dia inteiro fala para cada pessoa na sua língua.

Cada um de nós pode compreender a linguagem dos instantes, os componentes do dia — os segundos, os minutos e as horas — porque são as reproduções das suas produções. Os componentes do dia se dirigem a cada pessoa de maneira diferente, de acordo com as suas produções.

Tudo o que o ser humano introduziu no computador causal nas pré-encarnações e nesta encarnação e ainda não foi purificado, o computador traz novamente à luz. São todas as nossas violações da lei eterna: os nossos sentimentos, pensamentos e palavras negativos, as nossas ações negativas, as nossas paixões, as nossas compulsões ou os nossos desejos humanos exagerados. Pode também ser os vínculos com o nosso próximo, de quem lhe tiramos a liberdade, por exemplo, impondo-lhe a nossa opinião.

Tudo o que a alma e a pessoa não purificaram é trazido à luz pelo computador causal como um efeito. Portanto, ele fala com cada um de nós em nossa própria língua! Cada um de nós pode ouvir as suas gravações em sua língua e ver em imagens o que ele emitiu — pois são as suas próprias produções. No entanto, só podemos percebê-las se estivermos no instante, ou seja, se vivermos o instante.

No entanto, muitas pessoas não captam os instantes do dia. Por isso, não reconhecem a linguagem das suas próprias produções; elas se deixam levar por forças que não são a sua própria força vital. Deste modo, são pessoas impelidas, que se permitem ser usadas por diferentes energias e forças, por almas e campos de energia.

Que lei determina a nossa vida?

Nós devemos nos fazer as seguintes perguntas: Por que eu sou um ser humano? Tenho uma tarefa como tal?

Devemos também nos perguntar: Qual a tarefa que eu tenho? Existe um poder mais elevado que me a atribuiu? Se acreditamos em um poder mais elevado, devemos também reconhecer as suas leis.

Muitos conhecem as leis físicas do Todo, por exemplo, a lei da gravitação. Se reconhecemos essa lei — a lei da atração das massas — então também devemos reconhecer da mesma forma a lei de causa e efeito — mostrado acima no processo das nossas "produções" e "reproduções" — como lei espiritual: o que uma pessoa semeia, ela colherá.

A nossa vida é a semente. Ou semeamos comportamento lícito ou ilícito.

Se semearmos e edificarmos sobre a lei cósmica do amor e da Toda-harmonia, sobre Deus, também colheremos felicidade interior, paz, saúde, força e uma qualidade de vida correspondente. Porém, se semearmos e edificarmos sobre a "carne", sobre o pecado, sobre o negativo, nós também colheremos de acordo com isso. Assim como chamamos para a floresta, ela devolve para nós.

Portanto, se semearmos paz em sentimentos, pensamentos, palavras e atos, se formos sinceros, honestos e bons, também colheremos paz e força cósmica. Se semearmos contendas, se condenarmos o nosso próximo, se semearmos ódio, inveja e discórdia ou se violentamos a vida na Terra então colheremos o mesmo. A nossa colheita sempre corresponde à nossa semente.

Devemos pensar urgentemente sobre nós mesmos e também monitorar o subliminar — as nossas chamadas subcomunicações. Por exemplo, é o que não pronunciamos quando falamos de maneira diferente do que pensamos. Pois a nossa fala pode ser "doce" enquanto os nossos pensamentos são "amargos". Os pensamentos amargos são então as nossas subcomunicações.

Pode até ser que tenhamos bons pensamentos — mas em nosso mundo de sentimentos pode parecer bem diferente: temos uma chamada "sensação de incômodo". Devemos prestar atenção a esses impulsos mais profundos que correm por trás dos nossos pensamentos. Essas são as subcomunicações mais profundas.

Somente quando aprendermos a ver através de nós mesmos, descobrimos quem realmente somos! Isso requer honestidade — e a profunda fé em um poder mais elevado que me apoia e me ajuda a me livrar do que ainda é negativo em mim.

Jesus disse: *"O que você faz a um dos menores dos meus irmãos, você o faz a mim!"* Cristo é o irmão de todas as pessoas. Quem está contra uma outra pessoa, o seu próximo, com isto, está contra Cristo. Ele também está contra si mesmo porque ele mesmo tem de colher o que semeia.

O que uma pessoa faz ao seu próximo em sentimentos, pensamentos, palavras e atos, ela sempre faz a si mesma. Essa é então a sua "linguagem" e também a linguagem da sua colheita.

A alma do ser humano está na Terra para purificar o que o ser humano causou nas pré-encarnações e nesta encarnação, mas ainda não saldou.

Nós mesmos introduzimos os nossos programas

Os dias são as "lições" para cada pessoa. Quem trabalha conscienciosamente nas horas de ensino e também cumpre as tarefas, ou seja, quem usa o dia com os seus instantes, segundos, minutos e horas, vence a escola da Terra — a sua vida terrena. Ele conhece a linguagem do seu dia e sabe como interpretá-la. Dessa forma, ele encontra a si mesmo e utiliza o instante. Gradualmente, ele vai conhecendo a linguagem das suas comunicações e subcomunicações. Ele sente a tempo se o que está dizendo corresponde aos seus pensamentos, e se o que ele está pensando também corresponde ao seu mundo de sentimentos. Desta forma, ele mesmo se capta — e não é afetado por forças alheias que o controlam.

Tudo que não tem mais nenhuma subcomunicação, que é pura e completamente a verdade, o nosso Ser positivo e altruísta, isto introduzimos no Todo-computador — e isso volta para nós de modo correspondente. Então somos pacíficos, harmoniosos, honestos, sinceros, justos e bondosos para com os nossos semelhantes. Essas forças são forças de Deus, elas nos ajudam e nos servem em todas as situações. As nossas vidas transcorrem de forma feliz e pacífica — e somos saudáveis.

No entanto, o que introduzimos no computador causal também retorna para nós. Isso se aplica a todas as ações ilícitas, aos nossos pensamentos desdenhosos, invejosos, gananciosos; as nossas palavras insinceras, isto é, palavras falsas, que bem soam doces, mas contêm amargor, menosprezo, desdenho, julgamento e inveja. Nós sofremos com estas nossas produções negativas. Pois o sofrimento, a doença ou os golpes do destino são as reproduções das nossas produções — do negativo que introduzimos no computador causal.

Os sentimentos finos e altruístas, todos os pensamentos, palavras e atos altruístas e positivos, o estar a favor do próximo e com o próximo, a nossa sinceridade, honestidade e justiça são a nossa linguagem que o Todo-computador nos atribuirá novamente.

Por outro lado, os nossos sentimentos, pensamentos e palavras odiosos, o menosprezo dos nossos semelhantes, todas as nossas ações egocêntricas, injustas e muito mais são também a nossa linguagem que o computador causal nos devolve — e com o qual então sofreremos.

Estar dentro ou fora de si

É por isso que se diz: Viva o instante — e tome consciência do que o instante lhe quer dizer!

Quem reconhece a sua linguagem e se comporta de acordo — isto é, também obedece ou purifica o que o instante, o dia, lhe mostra — este consegue conhecer a si mesmo.

Muitas pessoas não vivem o momento e o dia e, portanto, não se conhecem. Elas vivem no passado ou no futuro e não entendem a linguagem do presente.

Onde os nossos pensamentos estão, está também um grande potencial da nossa energia espiritual e física. Lá está uma parte da nossa consciência.

Isso significa: estamos fisicamente presentes, mas com a nossa consciência não vivemos no presente. Portanto, estamos divididos entre aqui e ali!

Também poderíamos chamar isso de uma espécie de cisão de consciência. Não assistimos às horas de ensino do dia, porque estamos lidando com o nosso passado ou com os nossos semelhantes. Por exemplo, notamos que o nosso vizinho possui isso ou aquilo que não podemos nos proporcionar, ou nos ocupamos com colegas de trabalho e acreditamos que eles foram ou são um estorvo para nós. Assim, pensamos ou falamos sobre coisas que não nos dizem respeito, ou sobre o passado que não pode mais ser trazido para o presente. Ou estamos ocupados com o futuro, embora não possamos saber se tudo sairá como imaginamos.

O meu ser humano está aqui, mas os meus sentimentos e pensamentos estão lá — isso significa: eu não vivo no instante e tampouco em mim, mas fora de mim.

Quando estou fora de mim, não estou dentro de mim.

Se estou fora de mim, então eu dou a minha "casa" — o meu corpo terreno — livre, e um outro pode ocupá-la: por exemplo, forças contrárias, que com seus motivos e comportamentos correspondem ao meu ego humano, ao meu mundo de sentimentos e pensamentos. Eles então me influenciam e possivelmente ocupam a minha casa.

Eles nos controlam com muita habilidade através das nossas subcomunicações, porque correspondem ao seu tipo. Nós quase não percebemos que não somos mais os únicos agindo, sendo que não conhecemos a nós mesmos. Somos controlados por forças alheias através do nosso próprio ego, pois não estávamos em nós mesmos. Nós liberamos a nossa casa, o nosso corpo porque a nossa consciência — aquilo que é a nossa vida — estava parcialmente fora de nós.

Existem muitos perigos à espreita que influenciam aqueles que não estão "em si", mas sim "fora de si".

Consequências da Queda

As leis espirituais são Todo-abrangentes.

Sabemos pela física, por exemplo, que tudo é energia e que nenhuma energia se perde. Isso vale tanto no plano espiritual quanto no material.

Também os nossos sentimentos, pensamentos, palavras, os nossos atos, as nossas paixões, o nosso ódio, inveja e contendas são energias.

Uma lei espiritual diz: Igual atrai igual. Isto significa: forças iguais atraem as forças iguais; elas se conectam e, assim, se fortalecem. Como resultado, tudo tem o seu campo de comunicação.

A nossa vida segue dia após dia! O dia também tem energia para a nossa vida.

Cada dia pode ser comparado a um poderoso fluxo de energia que traz para cada pessoa aquilo que é importante para ela hoje, no instante, no segundo, no minuto, na hora.

Este fluxo de energia emana da força primordial, a Toda-força — de Deus. Ele é a Lei Absoluta de amor e justiça que flui por todo o infinito. Ele flui por todos os seres puros, os reinos espirituais da natureza e todos os corpos celestes de matéria sutil.

A força primordial flui diretamente pelo SER puro. Isso também se aplica aos planos preparatórios que vibram diante do portal celestial. Neles estão as almas amplamente purificadas, isto é, seres de luz em grande parte. Todos eles se preparam para o lar eterno e aprendem a aplicar a Lei Absoluta em todos os seus detalhes. Entre eles estão almas que muitas vezes viveram como seres humanos na Terra e que passaram pelo processo de depuração e purificação.

Por todas as outras áreas — por exemplo, os planos de purificação e as áreas de matéria sólida — a força primordial apenas fluiu indiretamente através delas.

Todos os planetas nestas áreas levam em si parte de um planeta espiritual, ou seja, uma substância pura espiritual. Este é o ponto de convergência, o ponto de comutação para a energia primordial do Todo-computador.

Para um melhor entendimento, vou me estender aqui:

Essas partes dos planetas espirituais — os pontos de comutação para a Toda-corrente — são lascas de poderosos planetas de matéria sutil dos céus. Por causa da Queda, elas foram arrancadas desses corpos celestes etéreos puros. Elas servem como pontos de comutação nos planetas mais ou menos condensados, as moradas dos seres da Queda.

Essas partes dos planetas espirituais formam, portanto, as estações de entrada e passagem para a força primordial. O Espírito de Deus, a lei eterna, dá vida à estrutura mais grosseira que se formou em torno dos aspectos puros espirituais por meio desses pontos de comutação. Essas estações de entrada e de passagem da força primordial envolveram-se de revestimentos por períodos de tempo para nós inimaginavelmente longos. Os revestimentos são energias de diferentes graus de vibração. Existem revestimentos mais finos — nos planos de purificação — e revestimentos mais densos — os invólucros parcialmente materiais — e os de material grosso da matéria sólida.

Eu repito:

Esses invólucros — também chamados de revestimentos — são o resultado da Queda.

Visto que nenhuma energia é perdida, toda energia tem que estar em algum lugar.

Cada parte de um planeta espiritual — portanto, a lasca do SER puro — atraiu a frequência que entrou em sua zona cósmica no decorrer da Queda. Essa era então o seu campo magnético.

Com este campo magnético, ela então atraiu — de acordo com o seu magnetismo — outras frequências que partiam e ainda partem dos seres da Queda e mais tarde dos seres humanos. Dessa maneira, as partes dos planetas espirituais foram revestidas.

A partir deste poderoso evento da Queda cristalizou-se a lei de semear e colher do computador causal.

Assim como as lascas espirituais, as partes dos planetas, se revestiram com as energias correspondentes de baixa vibração dos sentimentos e atos negativos dos seres caídos, assim aconteceu com os próprios seres da Queda. Desta maneira, os planetas da Queda tornaram-se poderosos computadores causais nos quais tudo está armazenado — desde o início da Queda até os dias atuais.

Até a formação do corpo humano durou inúmeros "ciclos de luz", ou seja, inúmeros processos ocorreram no movimento dos corpos celestes.

Como resultado do aumento da carga dos seres caídos, seu corpo espiritual encolheu gradualmente. O revestimento, a compressão, consistia e ainda consiste na "substância" de seus sentimentos e de seus "atos". No curso posterior da compressão até ao corpo humano, surgiram então os pensamentos.

Já que os seres da Queda não se harmonizavam mais entre si, mas se colocavam cada vez mais uns contra os outros, e os seus diferentes desejos, anseios e as paixões que surgiam os separavam cada vez mais em seu interior, então a comunicação interna entre eles diminuía cada vez mais. Eles desenvolveram um meio externo de comunicação por meio de sons. Desta forma, no ponto mais baixo da Queda, o invólucro de encarnação "ser humano" aos poucos tomou forma.

Portanto, no início do acontecimento da Queda, surgiram primeiro os chamados mundos da Queda, que adquiriram uma materialidade, ou seja, compressão diferente — dependendo de como os seres caídos se comportavam em relação à lei eterna, Deus. Formaram-se então mundos da Queda de substâncias mais finas e outras mais grosseiras. Antes do ato redentor de Cristo eles eram chamados de planos da Queda, e depois tornaram-se em estágios de evolução. Desde o "Está consumado" que Jesus, o Cristo de Deus, falou no Calvário, eles se dividiram em planos preparatórios e em planos de purificação. Os mundos da Queda são, portanto, compostos de invólucros mais sutis — até os invólucros mais grosseiros, a matéria.

Os planos de purificação e a matéria sólida são aquelas áreas para todas as almas e pessoas que ainda estão se movendo na roda da reencarnação e estão sob a irradiação do computador causal.

Todos os planos de desenvolvimento até o puro SER dos céus são níveis de consciência. Após a morte do corpo terreno, a alma estará naquele plano que corresponde ao seu desenvolvimento espiritual, isto é, naquele nível de consciência, que corresponde ao seu estado de consciência espiritual.

Almas de todos os níveis de consciência vivem na matéria sólida, a Terra. A Terra pode ser comparada com uma poderosa tela de radar, que acolhe todos os raios, ou seja, todas as almas de todos os níveis de consciência.

Por causa da compressão muito forte da massa Terra, da matéria, os sóis e corpos celestes não podem mais irradiar uns através dos outros — como acontece no puro SER dos céus, assim como nos planos preparatórios e também nos planos de purificação, que consistem em um material mais fino que corresponde às almas desencarnadas que ali vivem.

No sistema solar material ao qual a Terra também pertence, o sol brilha apenas nas partes dos planetas que estão viradas para ele. Se, por exemplo, uma parte do mundo se afasta do sol como resultado da rotação, então fica escuro nela; a pessoa diz: "É noite".

Através da alternância do dia e da noite, o que beneficia tanto as almas quanto as pessoas, a Terra se tornou o maior local de provação, mas também o maior local de graça dentre os reinos da Queda.

O significado da noite
para a alma e para o ser humano

A alma do ser humano não é deste mundo. Ela é um ser cósmico do infinito e contém em si todas as leis do infinito. Portanto, a alma não pode ficar exclusivamente no corpo físico por anos ou mesmo décadas, mas deve — independentemente do estado de consciência que ela tenha — sempre permanecer e se mover livremente no cosmos, isto é, sem um corpo material. Isto ela pode fazer quando o seu envoltório, o ser humano, está dormindo profundamente. Então, a alma deixa o seu corpo humano adormecido e se move nas esferas espirituais que correspondem ao seu estado de consciência. Ela permanece conectada com o envoltório terrestre através do cordão de prata — também chamado de cordão de informações.

Ouvimos falar sobre o computador causal e o Todo-computador.

O Todo-computador consiste do Sol Central Primordial e dos sóis primordiais secundários, os sóis da natureza e dos atributos; eles também são chamados de sete sóis prismáticos. Estes decompõem as sete forças básicas de Deus que emanam do Sol Central Primordial. Cada uma dessas sete forças básicas está contida noutra. Elas brilham como sete vezes sete forças da lei nos sete vezes sete céus puros.

O Todo-computador é a Lei Absoluta, Deus. E o que ele irradia é, por sua vez, a Toda-lei eterna, Deus.

Também poderíamos dizer que o Sol Central Primordial é a origem da fonte, Deus. E o que emite, a lei eterna, é a fonte, Deus. A origem da fonte e a própria fonte contêm todas as legitimidades de Deus e todas as informações divinas no Todo.

A Lei Absoluta é Deus.

Tornou-se forma na entidade de Deus-Pai. Ele, o Todo-Um, deu a todos os seres puros a essência dos céus como herança e assim, conferiu a eles a divindade. É a lei eterna, na qual vive todo ser puro, da qual existe e da qual haure eternamente.

O Todo-computador irradia a Lei Absoluta.

O computador causal irradia aquilo que cada pessoa introduziu e não purificou em forma de sentimentos, pensamentos, palavras, atos, impulsos, inclinações, paixões, ímpetos ou desejos prementes contrários à lei. Tudo isso permanece registrado na alma como também no computador causal. No entanto, se uma pessoa se arrepende de coração do seu comportamento pecaminoso e o purifica por meio de reparação, perdão e pedindo perdão, então será apagado em sua alma.

O que foi remediado na alma é ao mesmo tempo apagado no computador causal: as energias contrárias previamente armazenadas tornam-se forças positivas, porque ao purificar o negativo — pela graça de Deus — o negativo é convertido em positivo. O positivo então vai para o Todo-computador e é armazenado nas esferas dos planos de preparação — como "potencial de conhecimento e memória".

Pode-se dizer que a alma também é um computador que absorve tanto o positivo quanto o contrário. O que a alma absorve em forma de luz, é divino e vai para o Todo-computador — o pecaminoso da alma é armazenado no computador causal.

A lei cósmica diz: A luz, por sua vez, atrai a luz, a escuridão, por sua vez, atrai a escuridão.

Devemos nos conscientizar que cada aspecto da energia — quer chamemos de irradiação ou força ou sentimento ou pensamento ou palavra ou tendência ou ação — é consciência.

A Terra também consiste em inúmeros aspectos da consciência. Quer as chamemos de pedras, carvão, minerais, minérios ou o que quer que seja — são todas energias, que têm seus diferentes graus de consciência e irradiam de acordo com esta vibração de seu grau de evolução.

Isso se aplica a tudo em todo o universo — também para a alma e para o ser humano. A luz e sombra que a alma irradia também afetam o corpo. A própria pessoa, o invólucro da alma, também consiste em inúmeros aspectos da consciência — são os tecidos celulares — que também irradiam de acordo com a sua vibração.

Então pode-se dizer: o ser humano é o seu pensamento. Ele é o seu corpo de pensamentos. Assim como ele pensa e age, ele irradia; isso o caracteriza. A irradiação da alma é o seu estado de consciência.

Todos esses inúmeros aspectos de energia são armazenados no Todo-computador se forem positivos, ou seja, divinos — ou no computador causal, se forem contrários, ou seja, negativos.

Como ouvimos, a alma deixa o seu invólucro material à noite e, de acordo com o seu estado de consciência, vai para as esferas pelas quais é atraída. Lá ela coleta várias impressões e as leva consigo pela manhã durante sua "pequena encarnação" ao seu corpo terreno antes de despertar. Uma alma com um estado mais elevado de consciência também vai para as esferas mais elevadas e sutis. Lá ela participa de ensinos espirituais que são ministrados por seres puros. Eles a ensinam sobre as leis de Deus e sobre a lei da semente e da colheita. Além disso, a alma luminosa e desperta recebe explicações e ajudas para o seu novo dia no corpo terreno. Com esses ensinamentos, instruções e ajudas ela então volta para o seu corpo — para a sua casa de carne e osso.

Quando desperta, a alma já está em seu invólucro humano novamente. Pois através do cordão de informações ela percebe quando seu corpo terreno está entrando num sono leve e está prestes a despertar. Ela então já deslizou de volta para sua casa antes que o corpo acordasse — ou está a deslizar.

Percebemos isso quando o corpo faz movimentos bruscos ao acordar.

As informações, ensinamentos, instruções e auxílios trazidos emanam da alma, que agora foi reincorporada, como irradiação. A alma desperta tenta dar ao seu invólucro, o ser humano, as impressões dos âmbitos além da matéria e irradia a sua sabedoria e conhecimento em seu cérebro. Porque são exatamente essas instruções que foram trazidas que são as muito significativas ajudas para o novo dia em trajes da Terra para ela e seu invólucro, o ser humano.

O ser humano orientado a Deus, que vive no instante, pode receber os impulsos da alma e irá se comportar de acordo, especialmente com os impulsos matinais, ele pode, em certas circunstâncias, formar seu programa diário. Se a pessoa então vive o instante em todas as situações, inclusive no trabalho, então ela recebe incansavelmente impulsos da alma que os recebeu nos âmbitos mais luminosos e sutis.

Uma alma ainda sombreada, não ensinável, por outro lado, não pode ir para as esferas mais elevadas e sutis à noite porque ainda não desenvolveu a sua consciência para isso. Ela também sai do seu corpo adormecido — ela se move nos âmbitos astrais baixos ou nesta Terra. A partir daí, então, de onde ela foi atraída de acordo com seus padrões de pensamento, as suas analogias, ela também leva as suas impressões consigo para o seu corpo. Tal alma entra novamente em seu corpo físico, surda e obtusa, assim como é o seu consciente, que ao despertar então, não sabe realmente o que fazer com o novo dia.

Pessoas que não usam a energia do dia, deixam-se levar por muitas diferentes energias astrais — e desperdiçam o seu precioso dia, que também lhes reservava muitas lições. Quem deixou o dia passar de lado, não participou da lição do dia — e não reconheceu a si mesmo. Isso significa que dia após dia ele continua a edificar sobre as suas causas — e, portanto, em seu destino, em seu sofrimento e em tudo que pode afetá-lo como um efeito.

Assim, quando os corpos físicos, as pessoas, estão profundamente adormecidos, o mundo divino dá àquelas almas que desejam ser instruídas instruções, dicas e ajuda para o seu novo dia na Terra. Esses ensinamentos e ajudas baseiam-se no Todo-computador ou no computador causal — dependendo do que as gravações mostrarão à pessoa no novo dia.

Portanto, podemos dizer: O nosso eterno Pai celestial e os seres puros do céu, os nossos irmãos e irmãs no SER eterno, nos ajudam de muitas maneiras. Eles nos ajudam a reconhecer corretamente o que o novo dia nos trará — e ao mesmo tempo, nos ajudam a purificá-lo de acordo com a lei da vida interior. O mundo divino também nos ajuda a resolver problemas e de reconhecer a solução lícita nas situações que o novo dia traz. O pré-requisito, no entanto, é que vivamos o dia.

Use a chance da escola terrestre – caso contrário, a sua alma desencarnada irá sofrer

Cada pessoa está na escola da vida terrena e deve usar as lições do dia! Os componentes do dia — os instantes, segundos, minutos e horas — são da maior importância para cada um de nós.

Viva o instante! Pois para onde as pessoas vão com os seus sentimentos e pensamentos, parte de sua consciência também vai para lá, a sua energia espiritual e física flui para lá, e é aí que se forma o conteúdo de seus sentimentos e pensamentos.

Vamos lembrar: todas as almas nos âmbitos de purificação, todas as almas encarnadas e seus involucros — as pessoas — recebem continuamente informações que correspondem ao seu estado de consciência. O dia fala com cada pessoa em sua própria língua — e todos podem entender o dia em sua própria língua.

No entanto, nem todos podem entender a linguagem do dia de outra pessoa — a menos que tenham armazenado em si também o mesmo ou algo semelhante, que é dirigido a ele ao mesmo tempo pelo Todo-computador ou pelo computador causal. Então, é possível que duas pessoas se encontrem para que possam falar ou esclarecer o que é dado para elas hoje — isto é, agora.

Repito: tudo se move de acordo com leis imutáveis — como os corpos celestes, também o computador causal, no qual a lei da semente e da colheita é armazenada. Ele armazena todo o negativo que o ser humano cria e irradia de volta — para cada pessoa e também para cada alma nos âmbitos de purificação — o que é indicado para cada respectivo dia.

O computador causal não impõe um destino às pessoas de um dia para o outro. Pela lei eterna, o Todo-computador, a alma e a pessoa são repetidamente admoestadas — através do computador causal — antes que aconteça aquilo que o ser humano mesmo introduziu no computador causal.

Antes que uma doença apareça ou ocorra um golpe do destino, por exemplo, a alma e a pessoa recebem muitos impulsos, avisos e indicações.

Aqueles que vivem no instante prestam atenção a essas admoestações e advertências.

Deus, o nosso Pai Eterno, nos admoesta e nos avisa por meio do computador causal. Quem então remediar o que foi reconhecido com Ele a tempo, então em sua alma o que poderia ter se despejado sobre ele será parcial ou totalmente transformado. Isto também é então parcial ou totalmente excluído do computador causal.

Mesmo que haja uma causa muito séria e uma pessoa ainda tenha que suportar alguns efeitos, porque isso serve para purificar a sua alma ainda mais, ela pode ter certeza: Se ela confia em Deus apesar de todas as adversidades e se arrepende do que reconheceu, pede perdão e perdoa, então só tem que suportar como efeito uma parte dessa grave causa. No entanto, aqueles que não vivem o instante e, portanto, não reconhecem nem corrigem as suas más condutas, terão que suportar o efeito total — quando o computador causal emitir a causa inteira como efeito.

Lembremo-nos: o que uma pessoa pode purificar na Terra, muitas vezes, só é possível para a alma em longos "ciclos de luz". Porque nos âmbitos de purificação "os relógios andam diferente". Não existe dia nem noite, e existem condições de iluminação completamente diferentes, de modo que a iradiação entre o computador causal e a alma é diferente.

Quando o corpo terreno morre, então o Todo-computador e o computador causal registram isso:

O que o computador causal armazenou passa a ter efeito na alma em intervalos maiores, já que agora só se ajusta aos "ciclos de luz". Ele reflete à alma desencarnada as suas causas e o sofrimento por ela causado em forma de imagens. Isso significa: Na alma desencarnada as causas criadas atuam muito mais intensamente, sendo que a alma tem que experimentar em e dentro do seu corpo anímico tudo o que fez o seu próximo sofrer.

No corpo terreno ela teria tido a oportunidade de deixar de lado os erros e pecados no decorrer de dias — como uma alma desencarnada nos âmbitos de purificação, por outro lado, ela só pode ser capaz de fazer isso em longos e inimagináveis sofrimentos .

Como ser humano, a alma poderia ter expiado muito do fardo no corpo físico; as dores teriam sido menores, porque algumas doenças e algumas dores podem ser aliviadas com remédios naturais ou analgésicos. No reino das almas, entretanto, não existem remédios atenuantes. Nada pode ser amortecido ali — pois a alma tem que suportar o sofrimento que infligiu aos outros por tanto tempo até que se reconheça e se arrependa de coração.

E enquanto a alma na Terra, no corpo físico, recebe vários auxílios das mãos de graça de Deus, ela não só sente dor no reino das almas — semelhante ao corpo físico — mas também sente a dor e a tristeza daqueles aos quais ela causou sofrimento, dor, angústia ou preocupação.

Ao mesmo tempo, ela tem que ver e sofrer no seu corpo de alma toda a extensão do seu ego humano — e também aquilo que com isto, produziu em outros.

O computador causal armazena os dados e os traz de volta ao corpo da alma como imagens que contêm dor e sofrimento. Essas imagens se tornam vivas detalhadamente na alma desencarnada. Ela sente a dor de seu próprio ego dentro de si e, ao mesmo tempo, o sofrimento que infligiu aos outros.

Quem reflete seriamente sobre isto e toma consciência disso, sente-se tocado por isto e usará a sua vida terrena — o instante, o segundo, o minuto, a hora, todos os componentes do dia, porque são dons de graça de Deus.

Quem vive nos componentes — nos instantes — experimenta e vivencia a si mesmo e aos poucos começa a viver de forma correta.

No entanto, aqueles que não vivem no instante porque estão ocupados com coisas inúteis — como o passado ou o futuro — ou interferem nas coisas que só afetam os seus semelhantes, eles são então vividos por aquilo que emitiram em forma de sentimentos, pensamentos, palavras e atos.

*Livre-se das causas que você mesmo
criou e da roda da reencarnação*

Portanto, quem vive na lei de semear e colher — isto é, no pecado — permanece sob a influência do computador causal e é controlado por ele.

Nós, humanos, somos chamados por Deus, o nosso Pai, e por Cristo, o nosso Redentor, a cumprir as leis de Deus: os Dez Mandamentos, extratos da lei que tudo abrange, Deus, e o Sermão da Montanha. Quem se esforça de viver de acordo com elas descobre o caminho para fora da lei da semente e da colheita, que é a sua própria "lei da poça".

O ser humano vive tanto tempo sob a pressão de suas próprias causas, na poça de seus negativos sentimentos, pensamentos, palavras e atos, de suas paixões, ânsias e maldades, até que ele mude de pensamentos e se levante de seu pântano com o poder de Cristo. Só então ele gradualmente começa a viver em Deus e escapa da roda da reencarnação que é movida pelo Todo-computador.

Somente quando escapamos da roda da reencarnação por meio do cumprimento gradual das leis de Deus, somos diretamente guiados por Deus, a Lei Absoluta. Essa condução, então, ocorre a partir do SER puro, do Espírito onipresente de Deus — sem a interposição do computador causal.

Muitas pessoas se ocupam com o horóscopo, com os efeitos dos astros em nossa rotina diária. Os corpos celestes só podem controlar a nossa vida terrena enquanto vivemos sob a pressão das nossas próprias causas, ou seja, nos âmbitos em que o computador causal funciona. No entanto, através da realização das leis de Deus, a alma e o ser humano encontram seu caminho para fora da roda da reencarnação — e então o horóscopo não é mais certo para eles, porque eles não estão mais sob a influência dos astros.

Reflitamos sobre a seguinte afirmação: ao puro serve o puro, ao impuro serve o impuro — isto é, a cada um o que é seu: aquilo que semeou.

Quem se move na pureza, na lei de Deus, ele alcançou o renascimento no espírito do Senhor. Ele está em paz com o seu próximo e em harmonia com as forças dos reinos da natureza, dos minerais, plantas e animais.

A vida, Deus, é a eterna, onipresente lei cósmica de amor e harmonia. Ela flui através do infinito e efetua aquilo que é: amor, harmonia, paz, felicidade e saúde. É para o bem daquele que vive na Toda-lei, Deus.

A lei eterna, Deus, a Toda-lei do amor, revela-se também em todos os dias terrestres. Ela se esforça para trazer a cada alma e a cada pessoa o que ela é: amor altruísta, harmonia, felicidade eterna e paz.

Se o ser humano violar esta eterna lei de amor e Toda-harmonia, então ele cria a sua própria lei, a lei do ego humano. É o que a pessoa semeia, o que não é divino com os seus sentimentos, pensamentos, palavras e atos humanos. Ela também semeia todos os aspectos de suas paixões e ânsias, as suas animosidades e vícios — como bebida, gula, sexualidade excessiva ou fumo excessivo.

Essa é então a sua lei pessoal; é registrada por sua alma e, ao mesmo tempo, pelo computador causal. Com isso, a alma se liga à roda da reencarnação. Desta forma, cada pessoa cria sua própria lei pessoal — de acordo com o seu mundo de sentimentos e pensamentos. Essa é então a sua vida individual.

Se repensarmos a nossa vida desse ponto de vista, ficamos cientes de que o que o instante nos traz nunca pode ser o instante do nosso próximo, pois ele tem um mundo diferente de sentimentos, pensamentos e sentidos. Assim como não podemos comer, beber, dormir e caminhar pelos outros, também não podemos viver o instante de outra pessoa — e ela não o nosso instante e a nossa situação.

Podemos bem influenciar a vida dos nossos semelhantes, por exemplo, agindo de forma dominadora sobre eles e forçando-os a fazer a nossa vontade. Até a palavra "dominar" diz que tentar controlar os outros é um vício. Se fizermos isso com sucesso, estaremos atados aos nossos semelhantes, a quem tornamos servis. Cada vínculo é contra a lei divina do livre arbítrio. A alma e o computador causal também gravam tais causas.

Se nós portanto, agimos contra a lei, Deus, então a lei divina e eterna do amor e da Toda-harmonia não pode nos tocar diretamente, uma vez que é sobreposta por nossa lei pessoal — que também é chamada de lei do ego ou lei astral.

Mesmo assim a lei eterna flui para nós: ela flui para dentro do computador causal e faz com que aquilo que causamos se torne aparente em nossa alma e em nós, o ser humano. A lei divina atua indiretamente — por meio do computador causal — porque as sobreposições da nossa lei do ego, não a deixa fluir sem impedimentos.

Isso significa: violamos a lei eterna do amor e da harmonia. Somente nós somos o obstáculo para que a lei de Deus não possa fluir diretamente através de nós. Portanto, são as causas que criamos que se opõem ao fluxo divino.

Cada instante é um guia

Portanto, é de importância central para nós viver o instante, experimentar a nós mesmos e remediar a tempo o que reconhecemos em termos humanos.

Quem vive nos componentes do dia — nos instantes, segundos, minutos e horas — é guiado e, portanto, é lembrado ou admoestado em tempo útil sobre o que realizar para não cair na sua própria armadilha e não conjurar os golpes do destino que ele mesmo introduziu, as consequências, os efeitos de suas causas. Se ele não usar as muitas possibilidades, lembranças e admoestações, então será atacado por aquilo que ele mesmo introduziu em sua alma e no computador causal. Pois cada dia expõe amplamente a cada um de nós uma parte daquilo que ele próprio introduziu.

A cada instante, flamejam na pessoa sentimentos e pensamentos que têm a ver com a sua situação espiritual e física. Eles querem avisá-la ou mostrar-lhe novos caminhos ou ajudá-la a sair de uma situação ou conduzi-la corretamente em uma situação.

Os componentes da vida — os instantes — nos ajudam, portanto, a superar a nossa situação de vida. Por exemplo, eles nos mostram o caminho para a saúde em uma doença. Mesmo que eles desencadeiem um golpe do destino ou uma doença, podemos, no entanto, ter certeza de que em cada destino e em cada doença está marcado o caminho para a saúde e para a liberdade.

Tenhamos consciência de que em tudo — também na doença, na fatalidade, no sofrimento e nas preocupações — o poder de Deus está presente!

Se nos voltarmos para Deus e nos esforçarmos para levar uma vida pura, então experimentaremos Deus na fatalidade, na doença, no sofrimento e nas preocupações, e obteremos orientação e ajuda de múltiplas maneiras. O amor e a graça de Deus operam quando nos rendemos a Deus — e nos esforçamos para nos arrepender daquilo que reconhecemos ser pecaminoso, de pedir perdão e de nós mesmos perdoarmos e não mais cometermos o mesmo.

No entanto, se não entendemos os instantes da nossa vida, então eles é que nos agarram, e temos que suportar o que semeamos — isto é, o que introduzimos em nossa alma e no computador causal.

O "despreocupado" que deixa o dia passar de lado diz: "O destino nos guia; temos que aceitá-lo como ele vem, uma vez que é uma determinação nas alturas".

Não podemos tomar isto com leviandade! Afinal, temos uma mente. No entanto, se ela está cheia de todo insignificante com que as pessoas comuns lidam diariamente, com os nossos muitos sentimentos e pensamentos, então no final, nós mesmos não sabemos mais quem somos — mas apenas que nos chamam assim como nos chamamos!

Lembremo-nos sempre: o nosso corpo espiritual, a alma, nasceu num corpo terreno, no período de tempo em que vive na matéria, para expiar tudo aquilo que se sobrecarregou como ser humano nas pré-existências e nesta existência e que ainda não purificou.

O guia para uma vida mais elevada, o dia, fala conosco e nos mostra em imagens o que devemos purificar ou o que já purificamos.

Quem vive o instante, a este o instante mostra como pode superar as suas situações e o seu dia-a-dia de trabalho e como sair das dificuldades e problemas.

O dia, portanto, fala a cada um de nós de variadas maneiras, de acordo com o que carregamos dentro de nós, luz ou sombra.

Portanto, cada pessoa é a construtora do seu destino, porque o que vem ao seu encontro, ela mesma introduziu em sua alma e no computador causal. Nada pode vir ao nosso encontro que não tenha sido introduzido por nós em nossa alma e no Todo-computador ou no computador causal. Tudo — tanto o positivo quanto o contrário — tem como base os nossos sentimentos, pensamentos, palavras e atos, os nossos impulsos e inclinações, as nossas paixões, inveja, ódio ou contenda. O ser humano se molda com o divino e com o pecaminoso.

À medida que o vento se move e impulsiona as nuvens, assim muitas pessoas deixam se levar pelos seus pensamentos: de um pensamento para outro, de uma situação para outra.

Devemos reconhecer: quem se deixa levar, será levado — e assim edificará sobre a estrutura do seu próprio destino!

Estejamos cientes: tudo nos quer dizer alguma coisa!

Aquele que não vive conscientemente durante o dia torna-se numa pessoa impelida. O que ela negligenciou nas indicações, lembranças e advertências do instante, isto a impulsionará: é o seu próprio ego.

As nossas formas-pensamento

Quando não vivemos despertos e conscientes durante o dia e nos acontecimentos diários, mas estamos fora — no passado ou no futuro — então desperdiçamos a nossa vida e perdemos cada vez mais energia física. Então, recebemos apenas a força divina necessária para manter o corpo vivo.

Todo o resto — isto é, todas as outras energias — obtemos, portanto, ou dos nossos semelhantes, a quem vinculamos como escravos, tornando-os submissos e fazendo com que eles façam a nossa vontade, ou os obtemos por meio de vícios como gula, alcoolismo ou sexualidade excessiva. No entanto, essas energias adicionais não são puras, mas sim energias transformadas para baixo que apenas parecem preencher a falta de energia.

Cada vício indica uma deficiência no âmbito espiritual: como a alma e a pessoa têm muito pouca energia vital, elas a obtêm por meio dos vícios. Com essa falta de energia, tanto a alma quanto a pessoa estagnam em seu desenvolvimento espiritual. Em muitos casos, a alma se revolta para mostrar ao seu humano que ele deveria remediar as deficiências que levaram aos excessos e vícios. Os componentes do dia, os instantes, ajudam aqui novamente.

Aqueles que ignoram as muitas indicações e admoestações que lhes são dadas ano após ano, nos inúmeros instante do dia, cria formas-pensamento além do que a alma já carrega.

Portanto, quem fica estagnado por anos e décadas pensando a mesma coisa ou algo afim continuamente, dia após dia, cria um ou mais formas-pensamento — são as suas reproduções, que estão prontas para serem convocadas.

Se pensarmos e falarmos sobre nosso passado repetidas vezes e, assim, trazê-lo à tona de modo que essas imagens se tornem presentes em nós, então edificamos formas-pensamento do passado.

Se há anos estamos em conflito com os nossos semelhantes e continuamos discutindo a causa da disputa e a revivemos em nossos sentimentos e pensamentos, então criamos uma forma-pensamento.

Se menosprezamos um dos nossos semelhantes por anos — isto é, se não temos nem uma boa palavra sobre ele — então criamos uma forma-pensamento.

Se tentarmos colocar as outras pessoas em uma situação ruim com todos os meios injustos disponíveis para nós, então criamos formas-pensamento.

Se caluniarmos, desprezarmos e ridicularizarmos um semelhante ou até mesmo o delatar a outros, então criamos uma ou mais formas-pensamento.

E se pintarmos imagens do futuro em nossas mentes — seja qual for o tipo delas — então também criamos formas-pensamento.

Quando uma pessoa pensa sobre as mesmas coisas ou coisas afins repetidamente ao longo de anos e décadas, falando sobre elas ou fazendo a mesma coisa repetidamente, então, ela cria formas-pensamento correspondentes.

Portanto, quem não vive o instante há anos, não está apenas "fora de si", ele também cria formas-pensamento invisíveis fora de si mesmo.

Onde quer que os nossos sentimentos, pensamentos, desejos e paixões vão, lá está uma parte de nossa consciência — lá nós edificamos figuras invisíveis do nosso ego humano.

Vamos lembrar: tudo é energia. Assim, cada sentimento, cada pensamento, cada palavra, cada ato, cada movimento, cada paixão, cada ímpeto, cada vício é energia.

Visto que nenhuma energia é perdida, ela tem que estar em algum lugar: Como sabemos, as nossas energias positivas — o nosso sentimento, pensamento, fala e ato divinos — entram na alma e no poderoso Todo-computador Deus. Através da alma elas irradiam através das pessoas e trazem saúde, paz e felicidade em nós e dentro de nós. Em seguida, levamos essas dádivas do amor interior de volta ao mundo e ajudamos para que outras pessoas encontrem a paz interior e a abnegação.

As nossas energias negativas também entram em nossa alma. Elas são registradas pelo computador causal.

Se, ao longo dos anos e décadas, não tivermos prestado atenção aos componentes do dia, os instantes — isso é, os seus inúmeros impulsos para repensar e cumprir a lei de Deus — então criamos adicionalmente formas-pensamento. Em última análise, elas nada mais são do que a nossa "impressão", isto é, nós mesmos, pois elas são edificadas com o que emitimos em termos de negatividades.

Também podemos denominar as formas-pensamento que são compostas de aspectos idênticos e semelhantes de nosso ego humano, de campos de pensamento.

Também podemos comparar as formas-pensamento com entidades invisíveis e nebulosas, que são as nossas imagens de analogia, às quais damos impulsos e força para agir por meio de nossos pensamentos iguais e afins recorrentes.

Se então pensamos o mesmo ou algo afim àquilo com que edificamos as nossas formas-pensamento, então damos a elas o sinal, por assim dizer, para vir a nós e nos influenciar. Por meio de nosso comportamento humano, nós mesmos colocamos as nossas "impressões" — as nossas formas-pensamento, o nosso ego que se tornou forma — em movimento. Elas se aproximam de nós como robôs e nos influenciam ou nos reforçam a fazer novamente aquilo com que as edificamos — portanto, aquilo, que somos nós mesmos. Elas então exigem decididamente de nós que pensemos ou façamos o mesmo ou algo parecido novamente.

Essas formas-pensamento criadas por nós se edificam a partir das nossas forças espirituais e físicas. Para nós, isso significa: Quanto mais formas-pensamento criamos, mais impotentes nos tornamos nós mesmos. Pois as nossas formas-pensamento não nos dão nenhuma força, pelo contrário — exigem cada vez mais energia de nós, porque visam nos manter fazendo repetidamente a mesma coisa ou algo afim: sentindo, pensando, falando ou fazendo o negativo.

Não podemos dar ordens às nossas formas-pensamento, os chamados robôs, para que influenciem os nossos semelhantes. Os nossos pensamentos são as nossas próprias analogias. Eles são colocados em movimento por um pensamento ou impulso de palavra dado por nós e não vão ao encontro do nosso próximo, mas a nós. Nós edificamos essas formas-pensamento com as nossas energias contrárias e as programamos para nós mesmos, porque igual atrai igual.

No entanto, um de nossos semelhantes pode evocar aspectos das nossas formas-pensamento ou atrair as nossas formas-pensamento para si, de modo que também o afetem — se houver analogias idênticas ou semelhantes nele, ou se referirem-se à pessoa que criou as formas-pensamento.

Portanto, pode-se dizer: cada pessoa que viveu e vive fora de si mesma e não no instante por anos e décadas, ou seja, quem não se movimenta no dia, cria as suas próprias formas-pensamento destrutivas, seus robôs.

As energias positivas

Viver no dia significa: aceitar e acolher tudo o que o dia traz da maneira certa, sem ignorá-lo, e reconhecer e purificar o aspecto humano que ele nos mostra, e dominar, realizar e solucionar o trabalho que nos espera, e todo o demais com a força de Deus.

Em tudo o que o dia traz, está contida ao mesmo tempo a resposta, a ajuda e a solução: Se vivermos o instante e pedirmos a Deus ajuda para dominar o dia em Seu nome, então tudo o que vem a nós hoje e agora — seja, por exemplo, conversas pessoais na família, conversas no trabalho ou o nosso próprio trabalho — irão transcorrer bem porque deixamos o melhor ajudante, conselheiro e amigo trabalhar em e através de nós: a lei eterna, Deus.

Tudo é energia. Se permeamos as nossas conversas, o nosso trabalho, o nosso pensamento e vida com a energia positiva — isto é, com os nossos sentimentos e pensamentos positivos — então, essas forças positivas serão os nossos melhores colegas de trabalho. Elas dão vida ao que fazemos e nos mostram o caminho mais curto, por exemplo, para fazer um trabalho bem feito, ou nos mostram como devemos conduzir as conversas legitimamente, ou podemos encontrar a solução e resposta em um texto. As forças positivas também nos conduzem para fora de situações difíceis e nos mostram um caminho legítimo.

Pensamentos positivos, ou seja, pensamentos altruístas são as forças de Deus que nos mostram repetidamente o que é positivo e lícito.

Quem permeia com forças positivas aquilo que está a fazer hoje, este coloca as forças positivas em movimento — tanto na conversa e na peça de trabalho, em uma carta, no local de trabalho, onde quer que seja colocado. As energias positivas que desenvolvemos por meio de uma vida positiva e que estão ativas em nossa alma, irradiam através da nossa alma e através do nosso corpo e colocam tudo em movimento positivo. Disto também resulta em uma comunicação positiva com a peça de trabalho, com as conversas, com o trabalho, com tudo o que pensamos e fazemos.

Através de uma comunicação positiva, ou seja, legítima, surgem em nós as soluções positivas que nos conduzem para fora de dificuldades e situações. Pois em todas as coisas está o espírito de Deus. Se vivemos o instante, estamos conectados a Ele por meio do nosso pensar, falar e atuar positivos — e experimentamos a ajuda de Deus em todas as situações.

Viver significa viver em Deus, e isso significa viver, experimentar e reconhecer no instante, o que Deus quer nos dizer. As leis são a favor de cada um de nós — e não contra nós. Deus quer o melhor para nós e também irradia o Seu amor e ajuda para nós.

As nossas formas-pensamento negativas criam doença, sofrimento ou golpes do destino

Deus nosso Pai celestial deseja também que sejamos saudáveis. Se queremos viver com saúde, antes de mais nada temos que pensar primeiro de forma saudável. Pois muitos acreditam que viver de forma saudável significa se alimentar de forma saudável. Ao fazê-lo, no entanto, muitas vezes esquecem os sentimentos saudáveis e os pensamentos saudáveis — isto é, positivos.

Vamos gravar o seguinte lema em nossa consciência:

Não se trata apenas de uma alimentação saudável, senão que se trata de ter sentimentos e pensamentos saudáveis que agradem a Deus e apenas falar e fazer o que é agradável a Deus.

Não devemos apenas falar sobre a saúde, mas também sentir e pensar positivamente. Não adianta nada afirmar nossa saúde e falar sobre saúde e por detrás, em nossas sensações e pensamentos,

ter medo de uma doença! Temos que ser totalmente permeados pelas forças positivas, então elas
também se tornam ativas em nós e causam o que
é bom para nós.

Se sentimos e pensamos positivamente, se
falamos de saúde e se vivemos no instante, então
também escolheremos a nossa alimentação de
acordo, porque a energia do dia nos diz por meio
de nossos órgãos quais as substâncias fortificantes
que eles necessitam hoje. Eles então se comunicam
por meio de nossos sentidos e papilas gustativas e
nos mostram que tipo de alimento e quantidade
devemos dar a eles.

Se vivemos o dia que começa com o instante,
então nos é mostrado tudo o que é bom para a
nossa alma e também para o nosso corpo. Então
encontramos em tudo o que vem ao nosso encontro — seja na indisposição ou na doença, na
conversa ou no trabalho — a semente do bem. Se
edificarmos sobre isso, então o que é bom para
nós também se desenvolve. Pois enfrentaremos e
realizaremos com as forças positivas aquilo que

leva ao bem, visto que estamos em aliança com Deus, a energia positiva.

Isso se aplica a todas as situações da vida — se estamos saudáveis ou doentes, se somos hostis para com os nossos semelhantes ou pacíficos, se vivemos em dificuldades, se sofremos golpes do destino ou vivemos despreocupados. Existe o bom em tudo! Se encontrarmos a semente do bem e se edificarmos sobre ela, também sairemos bem e o contrário se transformará gradualmente em o positivo — porque Deus ajuda!

No entanto, se temos medo de doença e temos preocupações e sofrimento, transformamos as energias positivas para baixo em negativas. Como descrevi anteriormente, é assim que criamos as nossas formas-pensamento destrutivas — aqueles robôs perigosos que somos nós mesmos.

Portanto, estejamos cientes: o perigo não vem de fora — ele vem de nós mesmos e nos influencia.

Só pode nos afetar aquilo que temos em nós mesmos. Muitos perigos mais podem estar à espreita no mundo — mas se não tivermos algo igual ou afim em nós, também não atrairemos esses perigos. Eles não podem nos prejudicar — a menos que tenhamos criado a atração por eles em nossa alma.

Se não mudarmos à tempo o nosso modo de pensar humano afim e recorrente, ficaremos presos no vórtice de nossos pensamentos e teremos dificuldade para encontrar uma saída. Porque então as nossas formas-pensamento criadas têm um efeito adicional sobre nós e nos encurralam, sendo que pensamos e fazemos novamente as coisas negativas iguais e parecidas.

Reconheçamos: Aquilo que emitimos em termos humanos nos influencia novamente.

Também em nossa alma, as nossas formas-pensamento podem ativar causas prematuramente — por exemplo, sintomas de doença que introduzimos nelas por meio de medos e preocupações. Esses sintomas criados e ativados por nós irradiam para dentro do nosso corpo e ele é atacado por eles. Pode ser que este sintoma nunca tivesse marcado o nosso corpo, se não tivéssemos criado formas-pensamento adicionais que ajudassem a desencadear a doença.

Em inúmeros instantes, segundos e minutos, ou seja, em muitos dias, fomos advertidos — advertidos a repensar. Ignoramos os avisos porque não estávamos vivendo o instante. Então, caiu sobre nós o que poderíamos ter evitado, ou seja, parado.

Por exemplo, por meio da nossa má conduta, podemos dar a uma indisposição ou inflamação uma direção completamente diferente e, assim, provocar algo sério.

Através de pensamentos temerosos por anos, podemos até adquirir câncer: com esses pensamentos, criamos uma forma-pensamento que pode, por exemplo, nos influenciar quando, no caso de uma indisposição ou inflamação, nutrimos esse complexo de medo "câncer". Com o medo que foi nutrido por anos, criamos uma forma de energia que agora continuamos a edificar com o nosso "medo do câncer". Causado por um incômodo do corpo, começamos a pensar a mesma coisa ou algo afim novamente, como: "Espero que não seja ruim! Espero que não seja câncer que eu tanto temo!" A palavra-chave "câncer" agora coloca a nossa forma-pensamento em movimento, na qual todos os nossos medos de doenças graves são armazenados, especialmente o medo de câncer.

Visto que nossos pensamentos negativos também foram armazenados na alma como uma analogia, a forma-pensamento "câncer" agora começa a afetar a nós e a analogia da alma. Então só pensamos no câncer. Por quê? Porque o "robô do câncer", a forma-pensamento, também atua sobre as células do nosso cérebro, nas quais os nossos pensamentos de medo sobre o câncer também são armazenados. Ao mesmo tempo, também afeta a analogia em nossa alma.

Essas comunicações massivas entre o "robô do câncer" e as analogias da alma e de nossas células cerebrais fazem com que a indisposição momentânea ou inflamação atual seja "invertida": Essas comunicações negativas reduzem cada vez mais a nossa força espiritual e física — e ao mesmo tempo, criamos gradualmente o ambiente, no qual as células cancerosas podem se formar. Pois a

70

vibração do nosso corpo caiu tanto que chegamos a um meio no qual uma doença — por exemplo, um resfriado ou uma inflamação — pode levar ao câncer.

Assim, com os nossos pensamentos negativos, podemos causar doenças e enfermidades em nosso corpo ou provocar sofrimentos e golpes do destino. Por outro lado, por meio de sentimentos positivos, pensando, falando e agindo de forma positiva, causamos saúde, harmonia interior, alegria, paz, felicidade e contentamento em nós.

Portanto, vemos que os pensamentos são forças! O que pensamos e como pensamos — ambos voltam para nós, o remetente.

Também neste contexto entendemos a lei da semente e da colheita: "O que você semear, você colherá". Em outras palavras: toda causa tem o seu efeito. A causa é a semente — o efeito é o fruto.

Então, reconhecemos que só nós somos os autores de nossas doenças, sofrimentos e golpes do destino — não os nossos semelhantes ou mesmo Deus.

Lembremo-nos: se não dermos a volta a tempo, o destino seguirá seu curso! Com o nosso pensamento negativo e sem objetivo, podemos reforçar ou edificar analogias, ou seja, fardos em nossa alma.

Visualizemos isso com um exemplo:
Por exemplo, uma viagem de carro pode terminar em uma pane, um acidente ou até mesmo uma morte acidental. Em algumas colisões, poderia ter havido apenas o carro amassado, se um dos motoristas não tivesse pensado em um acidente de trânsito fatal por semanas ou meses:
A pessoa em questão não viveu no instante por muito tempo. As energias do dia-a-dia frequentemente lhe traziam avisos para repensar, como: "Comporte-se de maneira diferente no trânsito! Não encoste tanto no carro da frente e não dirija quando estiver muito cansado!" Ele entendeu alguns desses avisos, mas em seguida, desenhou em

sua cabeça, a imagem de um acidente de carro em que se via morto no acidente. Esta imagem entrou em sua alma.

Com isso, ele criou uma forma-pensamento ou nutriu uma forma-pensamento já existente que ele havia edificado há muito tempo com pensamentos semelhantes.

Em uma viagem surgiu uma situação crítica: alguns carros derraparam — houve colisões. O choque fez com que a imagem do acidente de carro surgisse no motorista. Esta imagem deu o impulso à forma-pensamento correspondente. Ela agiu e interveio de acordo: Como resultado, o motorista reagiu incorretamente — e o que ele estava pensando por semanas ou meses aconteceu! Os mesmos aspectos ou semelhantes provavelmente estavam na alma do motorista. No entanto, estes não teriam — se ele não tivesse criado uma forma-pensamento de antemão — resultado em morte por acidente. Teria ficado apenas com o susto da colisão. O motorista poderia ter reconhecido com quais pessoas — ou com quais motoristas — ele ainda deveria ter purificado algumas coisas.

Aqui, também, reconhecemos novamente: os pensamentos são forças! O que semeamos, colhemos.

Conscientizemo-nos: quanto mais fortes se tornam as nossas formas energéticas — as formas-pensamento — e o nosso próprio ego se edifica, quanto mais impotentes nos tornamos em relação a elas. Para onde pensamos, é para lá que flui a nossa energia. Quanto mais fortes as nossas formas-pensamento se tornam, tanto mais fraco se torna o nosso corpo.

Repito: As nossas formas-pensamento tomam posse de nós como robôs colocados em ação, intervêm no curso de nossas vidas e no funcionamento de nosso corpo e causam aquilo que nós mesmos edificamos por meio de nosso sentir, pensar, falar e agir.

O dia nos admoesta e nos instrui; ele nos dá dicas e soluções:

Por exemplo, podem ser encontros com certas pessoas ou tipos de pessoas que despertam em nós sentimentos, sensações ou pensamentos. Ou situações e eventos vem ao nosso encontro — seja na família ou no trabalho. Tudo quer nos dizer algo!

Se o nosso trabalho sai bem ou não tão bem, e os pensamentos nos pressionam, então a energia do dia quer nos dizer algo.

Se então ouvirmos com atenção o que os instantes do dia querem nos dizer e, ao mesmo tempo, aprendermos a olhar para dentro dos pensamentos, portanto, a perceber o que está acontecendo por trás dos pensamentos, nas chamadas subcomunicações — então experimentamos o que o instante, a energia do dia, quer nos dizer.

Ao mesmo tempo, o reconhecimento tem a força para resolver ou fazer o que está pendente.

Se agirmos de acordo, o negativo se torna positivo e o positivo é fortalecido em nós.

Influências alheias

No entanto, se não prestarmos atenção aos componentes do dia, então o seguinte pode acontecer:

As nossas formas-pensamento então se tornam cada vez mais poderosas. Elas irradiam e se conectam com as mesmas energias vibratórias ou semelhantes, ou atraem almas que têm as mesmas analogias ou analogias afins às energias das nossas formas-pensamento — em última análise, assim como as nossas próprias analogias da alma.

Essas energias ou almas então irradiam em nossas comunicações por meio das nossas formas-pensamento. Por razões aparentemente inexplicáveis, uma velha paixão pode despertar de repente. Então, começamos a fumar de novo, por exemplo, ou a beber, ou a ter gula.

Se ignorarmos os primeiros sinais, daremos a uma das nossas formas-pensamento a oportunidade de nos influenciar ainda mais. Ela vem — invisível para nós — em nossa direção, e com ele uma ou várias almas.

Os impulsos das almas entram sorrateiramente em nossa comunicação por meio de um de nossos pensamentos desejosos — talvez em uma subcomunicação na qual os antigos vícios ainda estão ocorrendo porque podemos não ter purificado tudo ainda. É possível, por exemplo, que esteja pendente uma conversa esclarecedora com uma pessoa a quem insultamos pela compulsão do nosso vício.

Através destas subcomunicações vêm os impulsos das almas. São as chamadas "injeções de energia" naquilo que ainda não purificamos. Através dessas injeções de energia intensifica-se a subcomunicação e, em seguida, surge como um pensamento. Por exemplo, nós pensamos — e sentimos ao mesmo tempo através dos nossos sentidos — sede, fome ou o desejo por um cigarro.

Se nos deixamos levar e cedemos — não apenas para beber um copo de vinho ou um copo de cerveja, para comer algo apetitoso ou fumar um cigarro, mas se realmente nos deixarmos levar — então a caçada começa:

As almas nos impelem a retomar os antigos vícios. Pois por meio de nossas paixões e vícios elas satisfazem as suas próprias ânsias, às quais se entregaram como seres humanos. Elas realizam através de nós, o que elas realizaram como seres humanos e o que elas não puderam realizar como almas até agora.

Se elas encontrarem a chamada "bomba de gasolina", elas colocarão tudo em movimento para que a pessoa volte a fazer o que desejam. Então, se a pessoa em questão não está vigilante, mas deixa seus pensamentos vagarem sem rumo, se ela portanto, não usar o dia — e com ela encontra-se ainda o mesmo ou algo semelhante como na alma ou nas almas que querem usá-la — então ela pode se tornar uma vítima das almas através das suas formas-pensamento.

Se não estivermos vivendo o instante, estamos fora de nós mesmos. Nós conhecemos a expressão: "Estamos fora de nós mesmos." Portanto, se não estivermos em casa, outra pessoa pode se acomodar. Pensemos sobre a declaração de Mat. 12, 43-45 que diz:

"Quando um espírito imundo sai de um homem, passa por lugares áridos procurando descanso e não encontra, e diz: 'Voltarei para a casa de onde saí'. Chegando, encontra a casa desocupada, varrida e em ordem.

Então vai e traz consigo outros sete espíritos piores do que ele, e entrando passam a viver ali. E o estado final daquele homem torna-se pior do que o primeiro. Assim acontecerá a esta geração perversa".

Lembremo-nos: não existem coincidências. Nada do que é, acontece por acaso! Ou somos controlados pela lei causal, o computador causal, ou pelas almas — ou guiados pela lei eterna, Deus.

Por quem ou pelo que somos controlados ou guiados depende da nossa vida e da nossa forma de pensar.

A orientação altruísta vem de Deus: Deus, o nosso Pai, nos ama, Seus filhos. Nós O amamos, o Grande Todo-Um, quando cumprimos a Sua lei eterna — então também seremos guiados por Ele, por Deus, nosso Pai.

O que pode nos prejudicar, quando Deus está por nós? Só nós podemos nos prejudicar!

Deus, o nosso Pai Eterno, está conosco em tudo e em todas as situações.

Se praticarmos viver no instante todos os dias, então iremos reconhecer de forma cada vez mais precisa a condução divina — pois o espírito do nosso Pai Eterno, que é tudo em tudo, então nos ajudará em tudo que vier ao nosso encontro.

Ele, o grande Todo-Um, o Espírito onipresente, Deus, é o nosso conselheiro, ajudante, protetor e guia. Ele é a resposta para todas as perguntas e a solução para todas as dificuldades e problemas. Ele nos ajuda a encontrar o legítimo em todas as situações, em tudo que vem ao nosso encontro.

Se dermos esses passos em direção à perfeição, em direção a Deus, que é a nossa verdadeira vida, então somos e permanecemos felizes, alegres e pacíficos.

Imagens-pensamento do passado

Quando acordamos de manhã, somos colocados neste dia: por fora, pode parecer o mesmo para
muitos, pois traz sol, nuvens, chuva, neve, vento
ou tempestade para todos — mas a irradiação do
dia é para cada indivíduo diferente, assim como
nenhum ser humano é como outro ser humano no
seu interior. É por isso que o dia pertence a cada
um pessoalmente, porque também chega a ele
pessoalmente — sobretudo de acordo com o que
está em sua alma, o que ele sentiu, pensou, falou
e agiu no passado ou no presente.

Se aproveitarmos o instante, experimentaremos
muito menos sofrimento, falta de paz e falta de
alegria.

Se apesar dos nossos esforços e de nos voltarmos a Cristo em nós, os pensamentos do passado
continuam a nos apanhar, então devemos dar uma
olhada mais de perto nisso. Então constatamos
que nossos pensamentos do passado são imagens.
Elas nos mostram situações, impressões e eventos
anteriores.

Não vamos deixar que sejamos impelidos ao passado ou ao futuro pelos nossos pensamentos, para alí nos ocupar com coisas inúteis! No entanto, se tais imagens estão vividamente diante de nós, como se fossem o presente, então é possível que não tenhamos de fato vivido essa situação, ocorrência ou evento no passado.

"Não ter vivido" significa: provavelmente estivemos presentes nos acontecimentos como seres humanos, mas não conscientemente, porque os nossos sentimentos e pensamentos — ou seja, uma parte de nossa consciência que é, em última análise, a nossa vida — estavam fora da situação. Fomos muito egocêntricos em nossos pensamentos, sem perceber que cada momento tinha algo a nos dizer.

Aqui estão alguns exemplos:

Continuamos pensando em nosso antigo local de residência, a nossa antiga casa, os móveis da casa e em vários objetos. Em nossa imagem-pensamento, vemos diferentes experiências nesta casa — com a família ou com conhecidos. Nós vemos festas menores ou maiores em casa e no jardim. Por que essa imagem sempre vem a nós?

Outra imagem-pensamento nos mostra os belos cômodos de nossa antiga casa, os objetos — como móveis, tapetes ou quadros — tinham um valor especial. Por quê?

Outra imagem-pensamento nos mostra situações com os nossos filhos: incidentes que vivemos, mas não vivenciamos porque não estávamos totalmente presentes com os nossos pensamentos e não permeamos as situações, ou seja, não as vivificamos. Por que não as permeamos conscientemente com a nossa presença?

Ou estamos em outra imagem-pensamento e ainda somos crianças ou somos jovens em crescimento: O que não gostávamos naquela época ou o que ignorávamos deliberadamente nos momentos do passado? A imagem-pensamento do passado quer nos mostrar isso!

Outra imagem-pensamento nos mostra o nosso antigo jardim. Certas flores, canteiros, árvores ou arbustos reaparecem diante de nossos olhos. Eles querem transmitir algo para nós?

Em outra imagem-pensamento, passeamos com a família, ou estamos de férias com o nosso companheiro ou companheira. Se uma imagem-pensamento desta nos importuna: O que ela quer nos dizer? Será que experimentamos conscientemente aquela caminhada ou férias? Será que a nossa consciência, que é a nossa vida, estava inteiramente na situação, no passeio, nas férias — ou estávamos em pensamentos fora de nós mesmos?

Podem ser diferentes imagens-pensamento que refletem no presente a partir de fases muito diferentes da vida.

Essas e outras imagens-pensamento semelhantes são desencadeadas por uma ou algumas das nossas formas-pensamento. Podem ser pensamentos que nós pensamos naquele então nas situações do passado. Elas se desprenderam do acontecimento e nós as formamos fora de nós como uma forma-pensamento. Agora, através do computador causal, por meio desta forma-pensamento somos lembrados de olhar mais de perto nestes trechos da nossa vida para processar e encerrar o que entrou em nossa alma como vínculo ou fardo.

Provavelmente estávamos presentes em todas as situações naquela época como seres humanos, vimos os belos quartos, cuidamos deles ou os adornamos, nos movemos fisicamente neles e nos alegramos com eles — mas não preenchemos totalmente com vida o que possuíamos. Convidamos a festas menores ou maiores, nós projetamos, arranjamos e preparamos tudo nós mesmos — e ainda assim, não preenchemos tudo com vida porque nossos pensamentos não estavam lá. Nós mesmos estávamos lá apenas fisicamente, mas não com a consciência que é a vida. Provavelmente saíamos para passear com a família, andávamos pelo jardim, também nos alegrávamos de certos arbustos, árvores, canteiros e certas flores, observávamos elas — e ainda assim, não estávamos realmente presentes com o nosso mundo de sentimentos e pensamentos. Nós até conversamos sobre a beleza do jardim — e ainda assim, os nossos sentimentos e pensamentos não estavam totalmente lá. O corpo estava presente — mas o nosso mundo de sentimentos e dos pensamentos não estava em nós: não estávamos em nossa casa, no corpo.

Se agora podemos sentir para dentro dessas imagens-pensamento, então é possível que um vazio ou uma sensação do irreal ou de melancolia apareça em nós. O que isso nos quer dizer?

Pode querer nos dizer que provavelmente sabemos que passamos por essas situações, mas não vivemos conscientemente os momentos nas situações. Certamente experimentamos e assistimos essas situações do nosso passado — mas não permeadas com uma consciência desperta. Não vivemos no instante e não aproveitamos o que o dia mostrou. Tudo isso provavelmente já passou — e ainda assim, está presente.

Eu repito:

Os nossos sentimentos e pensamentos são a substância da nossa vida, são a nossa consciência. Se não estamos conscientes em uma situação — isto é, se a nossa consciência está fora de nós — então o nosso corpo se assemelha a um fantoche. Realizamos o que há muito nós determinamos como programa para nós. Este nos controla então, ou somos controlados, e assim vividos de fora por outras forças.

O passado traz as imagens para o presente e ao mesmo tempo nos mostra através dos nossos sentimentos — por exemplo, melancolia, alegria ou tristeza — o que as imagens querem expressar. Disto podemos concluir que não vivemos certos segmentos da vida passada. Provavelmente organizamos festas lindas, decoramos a casa e colocamos os objetos bonitos na luz certa. Cuidávamos da nossa família, tínhamos boas conversas com a família e os carregávamos com alegria e tristeza — e ainda assim, uma parte da nossa consciência estava ausente, não conosco.

O que fazer? Esses segmentos da vida, que não permeamos com os nossos sentimentos e pensamentos, e portanto, não vivemos corretamente, estão perante nós e querem ser purificados.

Sendo que em tudo há solução, também aqui há uma solução para encerrar esses segmentos da vida hoje.

Agora queremos observar mais de perto uma dessas imagens-pensamento — que é importante para nós hoje.

Deixamos a imagem ganhar vida em nós — vamos sentir e pensar para dentro dela! Agora observamos todos os detalhes que a imagem-pensamento nos mostra.

Com os nossos sentimentos e sensações vamos agora viver na imagem e experimentar os "relances" do nosso passado. Nós nos movemos nessa situação e vivenciamos agora a imagem.

Depois de cerca de dez minutos — pois não devemos reviver o passado por muito mais tempo, vamos nos perguntar criticamente se o que agora reconhecemos ainda é importante para nós hoje. Ou o que aconteceria se tivéssemos vivido e moldado aquelas situações que ainda estão presentes para nós daquela época? Ou: como seria o presente se tivéssemos sido abertos, acessíveis, compreensivos e prestativos naquela época? Ou: O que teria acontecido se tivéssemos vivido a situação naquela época — isto é, se tivéssemos vivido conscientemente o momento? Vamos deixar tudo isso vir até nós agora.

Se penetramos na imagem com o nosso mundo de sentimentos, sensações e pensamentos e talvez até mesmo sentimos fisicamente o que não pudemos experimentar naquela época — por exemplo, alegria, tristeza, dor, sofrimento ou amor — e se pesamos honestamente os prós e os contras com o coração, então podemos reconhecer se devemos perdoar as pessoas ou pedir perdão ou se devemos reparar algo. Devemos então fazer isso e não demorar em fazê-lo. Ou podemos deixar imediatamente algumas imagens ou situações para que agora entrem em nosso mundo de memória.

Dessa forma, um segmento após o outro da vida entra nos âmbitos da memória. Isso significa: ainda nos lembramos das diferentes partes do nosso passado, mas não estamos mais apegados a elas e não estamos mais preocupados com elas.

O mesmo procedimento nos ajuda se ainda houver hostilidades do passado:

Vamos também mergulhar nessa imagem e vamos deixá-la ganhar vida!

Se tivermos a boa vontade de encerrar o passado, então também veremos a nós mesmos e ao aparentemente culpado nesta imagem-pensamento e seremos capazes de resolver tudo o que levou à briga e inimizade.

Mas vamos dar uma olhada de perto! A culpa era apenas do outro — ou também não tínhamos parte nela? Por favor, não digam "mas"! Vamos olhar mais de perto! Nenhuma briga é unilateral. Numa briga ambos brigam. A seguinte pergunta pode nos ajudar a nos reconhecermos: o que havia em nós — em mim — no momento em que a briga começou?

Quem olhar mais de fundo guarda as leis eternas! Ficamos mais alertas e conscientes ao olhar para a imagem? Nesse caso, daremos o primeiro passo e pediremos perdão ao nosso próximo ou iremos perdoar o nosso próximo.

Desta forma, quando vimos os nossos instantes negligenciados e o nosso passado em movimentos rápidos e os deixamos voltar à vida colocando-nos neles, então é possível para nós encerrarmos o passado e voltar para o presente e uma vida mais elevada.

As imagens encerradas do passado voltam para as camadas de consciência entre o consciente e o subconsciente, onde as memórias são armazenadas.

Quando deixamos essas imagens do passado ganharem vida em nós, devemos sempre fazê-lo com a intenção interior de transformar os programas que ainda estão a vibrar com a luz de Cristo. Portanto, não devemos deixar o passado surgir novamente por curiosidade ou mesmo "vasculhar" em pensamentos, mas apenas deixá-lo "reviver" em nós — se a energia do dia nos der essa imagem para ser purificada.

As nossas imagens do futuro

Imagens do futuro ainda podem ser mais perigosas para nós do que o nosso passado não vivenciado.

Se não estamos prontos para viver o instante, tendemos a nos refugiar nas imagens do futuro. Por exemplo, imaginamos cenas apaixonantes ou papéis heroicos; planejamos exatamente como tudo deve ser para alcançar o que edificamos em nossa imaginação — construímos "castelos de areia". Tudo isso se torna em formas-pensamento.

Se algo dos fardos da nossa alma vem ao nosso consciente hoje para que possamos purificar hoje, então também pode se tornar numa imagem do futuro, — ou seja, quando o adiamos e, em vez de purificar, o reforçamos com pensamentos e atos negativos e o projetamos ao futuro.

Pensamos, por exemplo: "Se não tivermos sucesso hoje, teremos sucesso no futuro." Portanto, não vivemos no instante, mas no futuro — e, portanto, edificamos uma forma-pensamento!

Mas para que servem as nossas imagens do futuro? Sabemos se vai ser do jeito que queremos ou imaginamos?

No entanto — podemos e devemos planejar o nosso futuro conscienciosamente. Então devemos colocar o nosso planejamento na vontade de Deus e deixá-lo em Deus. Se vivermos o instante, então Deus pode nos guiar — e iremos reconhecer se o que planejamos é também bom para nós.

Mas não devemos insistir em nada que queira tomar outros caminhos!

Quem sabe se não é melhor para nós o caminho que quer seguir? Só Aquele sabe sobre isso, que sabe de todas as coisas — o ajudante interior e conselheiro, Deus.

Quando criamos imagens do futuro como formas-pensamento, elas também nos influenciam quando as chamamos com pensamentos iguais ou afins aos quais as edificamos. Elas agem sobre nós e tentam nos empurrar na direção que demos a elas.

Se não estivermos vigilantes — ou seja, se não estamos vivendo no instante — então elas nos levam a passar para além das tarefas reais da nossa vida terrena, e não podemos mais descobrir o que nos foi dado nesta existência terrena para a purificação ou realização. Então não vivemos, mas somos vividos. Somos fantoches das nossas formas-pensamento e possivelmente daqueles que nelas se aninharam.

Resumo

Eu quero resumir mais uma vez o essencial:

Cada dia traz a cada pessoa o que para ela está pendente de ser purificado ou realizado hoje.

Os dias mostram-se em situações individuais em acontecimentos, em conversas, por meio de sentimentos e pensamentos, em palavras e atos. O dia também se mostra por meio dos nossos semelhantes, colegas, parentes, conhecidos, através dos nossos familiares. A pessoa desperta que vive o instante pode ler muito daí e definir o curso certo para a sua vida contínua.

Aquele que não vive nos componentes do dia cria mais e mais formas-pensamento — isto é, robôs — aos quais ele está vinculado porque são parte dele mesmo.

Uma vez que as formas-pensamento pertencem à pessoa que as criou, elas estão — como a pessoa e a alma da pessoa — conectadas ao computador causal.

Os robôs com suas memórias versáteis chegam até nós e nos influenciam quando os chamamos com os mesmos — ou semelhantes — pensamentos com os quais os construímos.

Quem não vive no instante, no dia, está sendo vivido e não pode, portanto, reconhecer na luz certa as situações do dia e tudo o que o dia traz, e tampouco encontrar a solução.

Também quando estamos nos acontecimentos diários e nossos sentimentos e pensamentos não estão com o nosso trabalho, na situação — ou seja, não estão no momento — então não permeamos com vida o que o dia traz, senão que parte da nossa consciência está onde estamos com nossos sentimentos e pensamentos. Isso significa que não vivemos no presente, mas sim, por exemplo, no passado ou no futuro.

O que não aceitamos e purificamos hoje, o dia leva de novo consigo e trá-lo de volta numa outra época. Todavia, sob certas circunstâncias, o que ele queria nos mostrar hoje virá até nós amanhã, depois de amanhã ou nos próximos anos de uma forma muito mais massiva e onerosa, porque nós entre meios continuamos a edificar nele com sentimentos e pensamentos iguais ou afins.

O que o dia leva consigo novamente não está resolvido, mas apenas adiado.

Muitos dos impulsos do dia nos admoestam e alertam. Se deixarmos as admoestações e advertências passarem por nosso lado repetidas vezes, então o que o dia indicou — e para o qual chamou a nossa atenção para purificá-lo — vem a nós um dia com poder e intervém em nossas vidas: seja por um golpe de destino ou doença e sofrimento.

Se chegar o dia que traz a morte do nosso corpo — o que é inevitável porque a morte não exige uma decisão nossa, sendo que penetra diretamente no nosso corpo físico — então nós, como almas, levamos conosco para os planos de purificação aquilo que os dias nos trouxeram e que nós deixamos passar despercebido. Então, é até possível que nós levamos consideravelmente mais fardos para os mundos do além do que trouxemos conosco quando entramos nesta existência terrena. Pois o que não havíamos entendido continuou a nos agarrar. Portanto, adicionamos e ainda edificamos mais sobre os erros e os pecados já existentes.

A nossa alma também leva consigo as nossas formas-pensamento como fardos quando o computador causal não mostra mais uma reencarnação. A alma então irá dissolver essas sombras durante o seu processo de amadurecimento posterior.

No entanto, se colocamos novamente em movimento a roda da reencarnação para a nossa alma por meio dos nossos fardos terrestres adicionais, então algumas formas-pensamento permanecerão na atmosfera da Terra quando o nosso corpo terreno morrer. Se a nossa alma voltar a um corpo terreno recém-nascido, então as nossas formas-pensamento depositadas vêm ao nosso encontro quando nós, como humanos, temos a maturidade para distinguir entre o bem e o mal. Se o computador causal agora estimula as analogias da nossa alma e o dia quer mostrá-las a nós, mas nós novamente as ignoramos — como em nossas encarnações anteriores — então invocamos as formas-pensamento que depositamos na atmosfera em vidas passadas. Elas vêm em nossa direção e intensificam os nossos pensamentos, palavras e atos negativos — aquilo que deveríamos ter superado com o poder de Cristo!

O que é humano, ou seja, negativo, que não foi expiado e purificado vem até nós — seja nos âmbitos das almas para a alma ou na Terra para o ser humano — até que o remediemos por meio do arrependimento, pedindo perdão e reparando o erro e então não mais cometendo o mesmo.

Lembremo-nos: a lei de causa e efeito traz tudo à luz! Desta forma, também entendemos melhor a afirmação: Os moinhos de Deus moem lentamente.

Sentimos o que não foi purificado, os nossos pecados, dentro e sobre o corpo, como dor, doença, sofrimento ou um golpe do destino. Nos âmbitos das almas, sentimos diretamente no corpo e dentro do corpo da alma o que fizemos ao nosso próximo — mesmo que tenha sido apenas em pensamentos. Como alma sentimos a dor, o sofrimento e tudo o que o nosso próximo sentiu e sofreu com o nosso comportamento. Dependendo das circunstâncias, isso pode ser para nossa alma a chamada agonia do inferno!

A nossa alma também tem que expiar quando o nosso próximo entra em situações por meio do nosso comportamento humano e egocêntrico que não foi planejado para ele nesta encarnação, das quais ele não pôde mais sair a tempo e como resultado, a sua vida tomou um rumo completamente diferente.

Ou: Se forçarmos o nosso próximo a fazer isso ou aquilo, ou se até mesmo o ameaçarmos e usarmos métodos para conseguir o que queremos para nós mesmos, então estamos ligados a esse nosso próximo e temos que sentir, experimentar e sofrer tudo em e dentro do nosso corpo de alma: o seu descontentamento, a sua resignação e, não por último, o que ele não pôde superar em sua existência terrena, porque interviemos no decorrer de sua vida. Tudo o que o nosso próximo poderia ter experimentado e purificado no tempo de sua vida terrena, temos que expiar e sofrer junto com ele.

E aquele que é obrigado a fazer o que o próximo exige dele, também se liga a quem faz essas exigências. Ambos — aquele que exige e aquele que se deixa subjugar — estão ligados um ao outro. Eles sempre serão reunidos repetidas vezes, seja nesta encarnação, em outras encarnações ou nos âmbitos das almas, até que seja removido o que os ligou um ao outro.

Vemos, portanto, que um instante que passou despercebido, pode desencadear uma avalanche de perigos.

Portanto, a declaração "Viva o instante e use o seu tempo na Terra para viver como uma alma em esferas mais luminosas e refinadas" é de grande importância.

Toda a pessoa morre. No momento do nascimento de nosso corpo terreno, a morte terrestre já está predeterminada. Quem usa o tempo a partir do instante em que consegue diferenciar entre o bem e o mal não será usado por forças contrárias. Ele dificilmente também irá criar formas-pensamento, porque ele é ele mesmo e cresce para dentro do verdadeiro SER — para o Eu divino, para a liberdade, que é o nascimento espiritual da alma.

Portanto, viva o instante — e você se reconhecerá e encontrará seu caminho para o impessoal, para o seu Eu divino! Você então descobrirá quem você é, quem e qual é o seu verdadeiro Eu.

Que todos que leem este livro vejam a graça de Deus!

Nunca é tarde demais se dermos a volta a partir de agora e com a ajuda de Cristo, aproveitar o instante — e remediar ou cumprir o que se reconheceu hoje. Então nós não nutrimos mais o nosso ego, e também as nossas formas-pensamento se transformam em energias positivas, porque Cristo em Deus, o nosso Pai, tudo transforma e tudo faz novo, quando nos deixamos guiar por Ele.

Leia também:

A minha vida
que eu mesmo escolhi

Este livro explica que a nossa vida é muito mais daquilo que nós geralmente percebemos. Se nós considerássemos a nossa vida terrena como uma curta passagen, uma trajetória passageira, então poderíamos nos incluir melhor no contexto cósmico total. Compreenderíamos, por exemplo, o que significa o nascimento e a morte em relação ao nosso ser eterno.

A partir de uma perspectiva mais elevada, nós daríamos um valor completamente diferente às circunstâncias e acontecimentos durante o curso da nossa vida terrena – e poderíamos aprender a aproveitar melhor os nossos dias na Terra!

60 pág., Capa comum, ISBN 978-3-89201-946-6
Disponível também como eBook

DEUS Cura

A cura, o tornar-se são e finalmente ser saudável tem a ver com uma ordem interior fundamental da pessoa. A nossa vida de sentimentos e pensamentos, a consciência da pessoa tem uma enorme influência no nosso bem-estar.

Podemos promover esta vida com uma orientação positiva a Deus, a fonte de força em nós. Este livro transmite para nós ajudas básicas para isto, como também o reconhecimento de que o Espírito eterno, a força que nos traz cura e vida, Deus, o amor, nunca abandona os seus filhos humanos.

116 pág., Capa dura. ISBN 978-3-96446-060-8
Disponível também como eBook

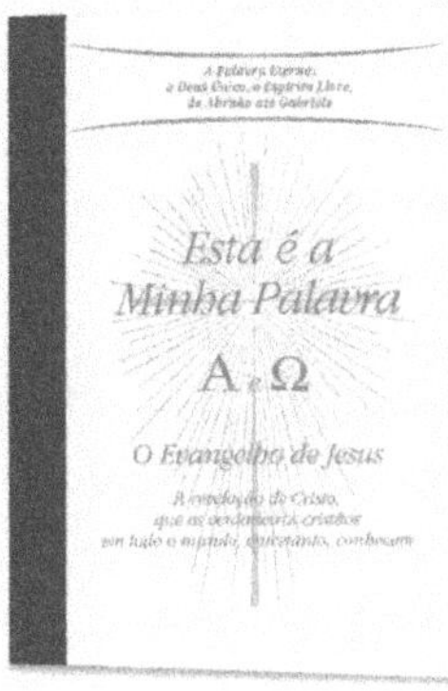

Esta é a Minha Palavra
A and Ω

O Evangelho de Jesus
A revelação de Cristo
que os verdadeiros cristãos em
todo o mundo, entretanto, conhecem

Baseando-se no "Evangelho de Jesus," um escrito fora da Bíblia, Cristo mesmo, explica, corrije e aprofunda os fatos sobre a sua vida e os seus ensinamentos em Jesus de Nazaré através de Gabriele, a profetisa e emissária de Deus no nosso tempo. Aprenda que Jesus nunca fundou religiões. Ele nunca instalou padres ou pastores, nem ensinou dogmas, ritos ou cultos. Há 2000 anos que Jesus trouxe a verdade do Reino Eterno: O ensinamento do amor a Deus e ao próximo para com as pessoas, a natureza e os animais; o ensinamento da liberdade, da paz e da unidade. Ele falou sobre o Deus de amor, sobre o Espírito Livre – Deus em nós.

A partir da Índice: A infância de Jesus • A falsificação dos ensinamentos de Jesus de Nazaré durante os últimos 2000 anos • Sentido e finalidade da vida na Terra • Jesus ensinou a lei de causa e efeito • Pré-requisitos para a cura do corpo • Jesus ensinou sobre o matrimônio • O Sermão da Montanha • Sobre a natureza de Deus • Deus não é um Deus de ira e vingança • O ensinamento da "condenação eterna" é um escárnio de Deus • Jesus expôs os escribas e fariseus como hipócritas • Jesus amava os animais e sempre os defendia • Sobre a morte, a reencarnação e a vida • O verdadeiro sentido do ato de Redenção de Cristo ... e muito, muito mais ...

Um audio CD está incluído no livro com a palavra eterna
do Reino de Deus: "A Chamada do Cristo de Deus" e
"O Aparecimento" dados em 2017 através de Gabriele

1094 pág., capa dura, ISBN 978-3-896446-012-7
Disponível também como eBook